Inhalt

Das Piratenballett	4
Die Baluga auf dem Riff	20
Das Papageiennest	40
Ein blinder Passagier	59

Das Piratenballett

Pepe ist der Sohn
von Kapitän Langbart.
Ihr stolzes Piratenschiff heißt Baluga.
Es hat zwei Masten,
zwanzig Mann Besatzung
und vier Kanonen.

Die Baluga ist rot gestrichen
und hat bunte Segel.
Wie die Farben eines Papageis.
So will es Kapitän Langbart,
denn er liebt Papageien.
Sie sind die freiesten Wesen der Welt.
So wie die Piraten auch.

Bald hat Kapitän Langbart
einen runden Geburtstag.
Wie alt wird er?
Vierzig? Fünfzig? Sechzig?
Niemand weiß es so genau.
Auf jeden Fall hat Kapitän Langbart
einen riesigen Bart.
Vor lauter Bart und Augenbrauen
kann man ihn kaum sehen.

Aber Kapitän Langbart
ist ein guter Kapitän.
Die Mannschaft mag ihn.
Zum Geburtstag wollen
Pepe und die Mannschaft ihm
ein besonderes Geschenk machen.
Sie stecken die Köpfe zusammen
und überlegen.

Samuel, der Steuermann, hat eine Idee:
„Wir schenken dem Kapitän
ein schönes Handelsschiff!
Wir kapern eines
und streichen es bunt an.
Dann sieht es aus wie eingepackt!"

1. Fall: Was schlägt Samuel als Geburtstagsgeschenk vor?

 ein Schiff zu kapern

„Keine schlechte Idee!",
sagt Gregor, der Schiffskoch.
„Aber wie kapern wir ein Schiff,
ohne dass der Kapitän es merkt?
Es soll doch
eine Überraschung werden."

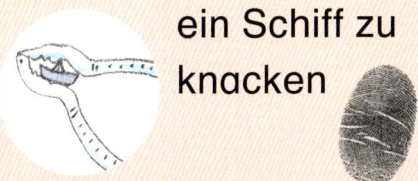
ein Schiff zu knacken

ein Schiff zu kappen

Da hört Pepe seinen Vater rufen
und rennt zu ihm.
Heute steht Kapitän Langbart
höchstpersönlich am Ruder und
steuert das Schiff durch die Wellen.
Der große Papagei Lorenz setzt sich
wie immer auf seine Schulter.

„Mein Junge", sagt der Kapitän.
„Wir alle wissen, dass ich bald
einen ziemlich runden Geburtstag habe.
Sicher wollt ihr mir etwas schenken.
Ist es nicht so?"
Der Papagei plappert nach:
„Ist es nicht so?"

Pepe will nichts verraten
und schweigt.
„Ich habe nämlich einen Wunsch",
sagt Kapitän Langbart.
„Ein Piratenballett!"
„Was?", staunt Pepe.
„Und dazu Piratengesang.
Lasst euch etwas einfallen.
Wir steuern bald eine Insel an,
wo wir frisches Wasser holen.
Da will ich meinen Geburtstag feiern.
Und dort könnt ihr üben."

Pepe erzählt alles der Mannschaft.
Die ist ganz schön verblüfft.
Nur Robin ist begeistert.
Er wollte schon immer mal
ein Piratenballett tanzen.
Robin ist normalerweise
in den Masten oben,
weil er so beweglich ist.

Zwei Tage später ankert die Baluga
vor einer einsamen Insel.
Der Kapitän liegt faul am Strand
unter einem Palmendach und
betrachtet sein schönes rotes Schiff.
Papagei Lorenz ist an seiner Seite.

In der nächsten Bucht
übt die Mannschaft
das Geburtstagsballett.
Steuermann Samuel hätte ja lieber
ein buntes Handelsschiff verschenkt.
Aber jetzt hat er extra
ein Lied komponiert.
Robin hat sich Figuren ausgedacht,
die die Mannschaft dazu tanzen kann.
Und Pepe lernt
die Strophen des Lieds auswendig.

Dann kommt
der ziemlich runde Geburtstag
von Piratenkapitän Langbart.
Unter seinem Palmendach
sitzt er wie ein Inselkönig
und wartet auf die Darbietung.

In Reih und Glied kommen die Piraten
hinter den Palmen hervor
und beginnen mit dem Tanz.
Der Tanz heißt „Das Papageienballett"
und alle schwingen gleichzeitig
ihre Piratenkopftücher mit den Händen.
Die Männer drehen sich und springen
und tänzeln mit kleinen Schritten
durch den Sand.
Pepe singt mit seiner schönen Stimme
das Lied dazu:

„Papageien und Piraten
tanzen beide mit dem Wind.
Keine Grenzen, keine Staaten,
weil sie bunte Vögel sind.

Bunt die Federn und die Segel,
lassen sie sich treiben.
Kein Gesetz und keine Regel,
weil sie nirgends bleiben."

Sie sind kaum mit dem Ballett fertig,
da taucht ein beladenes Handelsschiff
in der Bucht auf!
Alle sind überrascht.
Am meisten freut sich der Kapitän.
„Das wäre doch nicht nötig gewesen!",
sagt er gerührt.

Die Baluga auf dem Riff

Oje!
Kapitän Langbart hat nicht aufgepasst
und das Schiff auf ein Riff gesteuert.
Jetzt liegt die schöne Baluga
schief im Wasser.
Im Boden ist ein großes Loch.

2. Fall: Aus was kann ein Riff bestehen?

aus Muscheln

Untergehen kann die Baluga nicht,
denn an dieser Stelle
ist es nicht tief.
Aber das Wasser dringt ins Schiff
und die Vorräte werden nass.
Auch die Koje von Pepe
steht schon voller Wasser!

  aus Korallen     aus Quallen

Kapitän Langbart sitzt am Strand und ist traurig. Sein schönes Schiff!
„Ich bin aber auch zu dumm!", seufzt er. „Einmal nicht aufgepasst und … krach!"
Unter den buschigen Augenbrauen des Kapitäns glitzert etwas.
Ist das eine Träne?
Bestimmt nicht.
Piratenkapitäne weinen ja nicht.

Die Mannschaft sitzt ratlos
um Kapitän Langbart herum.
Was tun mit einem Piratenkapitän,
der so jammert?
Eine Mannschaft braucht Befehle!

„Vielleicht solltest du dir mal
die Augenbrauen stutzen?",
fragt Pepe vorsichtig.
„Dann würdest du besser sehen.
Und den Bart am besten gleich mit."
Doch sein Vater braust auf:
„Ein Kapitän Langbart darf niemals
einen kurzen Bart haben!"

Gregor, der Schiffskoch, nähert sich.
„Soll ich vielleicht
eine Kokosnusslasagne machen?
Die magst du doch so gerne."
Doch Kapitän Langbart
will keine Kokosnusslasagne.
Er will ein heiles Schiff haben!
Da hat Pepe eine Idee.
Er will sich den Schaden ansehen.

Mit Robin und Samuel rudert Pepe
hinaus zum Riff.
Robin und er tauchen hinunter.
Es ist wunderschön hier unter Wasser.
Viele bunte Fische sieht Pepe.
Er sieht einen Rochen, einen Delfin
und sogar einen Sägefisch.

3. Fall: Was stimmt?
Das Loch in der
Baluga ist

 höher als lang.

Dann holt er noch einmal Luft und
schaut sich das Loch in der Baluga an.
Es ist ungefähr einen Meter lang
und einen halben Meter hoch.
Gar nicht mal so groß.
Das kann man verschließen.
Sie brauchen nur ein paar Bretter.
Dazu müssen sie einen Baum fällen.

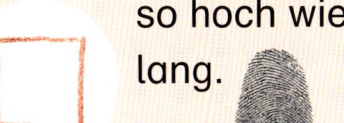

☐ so hoch wie lang.  ☐ länger als hoch.

An Deck der Baluga
finden die drei eine Axt.
Damit rudern sie zurück an den Strand.
Auf der Insel gehen sie
ein Stück in den dichten Wald.

Sie suchen sich einen schönen Baum
mit festem Holz.
Dann schwingt Robin die Axt
mit aller Kraft gegen den Baum.
Krachend fällt er auf den Boden.
Kurz spürt Pepe unter seinen Füßen
ein kleines Beben.

Mit anderen aus der Mannschaft
schleppen sie den Stamm an den Strand.
„Was habt ihr mit dem Baum vor?",
fragt Kapitän Langbart.
„Was habt ihr mit dem Baum vor?",
wiederholt Papagei Lorenz.

„Wir reparieren die Baluga",
erklärt Pepe stolz.
„Wir dichten das Loch mit Brettern ab
und schöpfen das Wasser aus dem Boot.
Dann wird das Schiff leicht
und schwimmt wieder."
„Ach, die schöne Baluga!",
seufzt der Kapitän nur.

Pepe ist voller Tatendrang.
Aber es gibt ein Problem.
Sie haben jetzt den Baum,
doch wie sollen sie
aus dem Baum Bretter herstellen?
Sie brauchen eine Säge!
„Ich hole eine", sagt Samuel.

Samuel steigt ins Boot
und rudert wieder zur Baluga.
Er bleibt ziemlich lange weg
und kommt mit leeren Händen zurück.
Er hat überall gesucht.
„Es gibt keine Säge an Bord!",
sagt Kapitän Langbart. „Das hätte ich
euch gleich sagen können."

Keine Säge, das ist schlecht.
Pepe denkt nach.
Er denkt nach und denkt nach.
Und wieder hat er eine Idee!
„Samuel, Robin!
Wir rudern noch mal zur Baluga
und holen ein Fischernetz von Bord!"

Wenig später zappelt in ihrem Netz
ein großer Sägefisch.
Robin und Samuel haben ihn
gemeinsam mit Pepe gefangen.
Sie haben das Netz ausgeworfen
und Glück gehabt.

Zurück am Strand ziehen die Piraten
auf Pepes Kommando
den Baumstamm ins Wasser.
Sie halten den Stamm fest im Griff,
während Robin und Samuel
mit dem Sägefisch Bretter sägen.

Es klappt!
Wenig später haben die Piraten
vier große Bretter.
Der Sägefisch bekommt zur Belohnung
ein paar kleine Fische.
Dann wird er wieder freigelassen.

Die Piraten rudern
mit den Brettern zum Schiff.
Sie nageln die Bretter über das Loch.
Dann schöpfen sie mit Eimern
das Wasser aus dem Schiff.
Es fließt kein neues Wasser nach.
Hurra!
Bald hebt sich die Baluga vom Grund
und schwimmt wieder.

Kapitän Langbart ist überglücklich.
Jetzt segeln sie wieder übers Meer.
Pepe darf zur Belohnung
einen Tag Steuermann sein.
„Aber nicht auf ein Riff steuern!",
sagt Kapitän Langbart und lacht.

Das Papageiennest

Kapitän Langbart und seine Männer haben eine ereignisreiche Woche hinter sich.
Sie haben vier Schiffe geplündert.
Danach sind sie vom Einarmigen Zoran und seiner Schleichenden Seekuh verfolgt worden.
Gerade noch rechtzeitig haben sie sich vor Zoran in eine Bucht retten können.

Dort liegt die Baluga
jetzt schwer beladen
mit Schmuck, Gold und Silber.
Die Mannschaft feiert
mit Rum und Kokosmilch.
Und Gregor, der Schiffskoch, macht
eine Riesenportion Kokosspaghetti.

Am nächsten Morgen
wird Kapitän Langbart
von einem seltsamen Kitzeln geweckt.
Und er hört ein Vogelgezwitscher,
das aus nächster Nähe kommt.
Auch Pepe erwacht von dem Gezwitscher.

Er blickt seinen Vater erschrocken an.
Papagei Lorenz sitzt wie immer
auf der Schulter des Kapitäns.
Doch aus dem Bart fliegt nun
ein anderer Papagei heraus.
Er dreht eine Runde
und verschwindet wieder im Bart.

Bald steht die gesamte Mannschaft
um den Kapitän herum
und lauscht den Geräuschen,
die aus dem Bart kommen.
„Pepe, sieh doch mal nach,
was da in meinem Bart los ist",
sagt Kapitän Langbart.
Doch als Pepe sich ihm nähert,
fängt Lorenz wild an zu schreien.

„Wirst du wohl still sein!",
schimpft der Kapitän
und hält den Papagei fest.
Jetzt wagt sich Pepe näher.
Vorsichtig teilt er den dichten Bart
seines Vaters in zwei Hälften.

Und was sieht er da?
Im Bart befindet sich ein Nest!
Kleine Zweige
sind mit dem Barthaar verflochten.
Und mittendrin sitzt die Papageienfrau
und brütet drei Eier aus.

„Papa, du hast ein Papageiennest
im Bart!", sagt Pepe.
Für Kapitän Langbart,
den großen Vogelfreund,
ist die Sache klar:
Die Papageienmama
darf ihre Eier im Bart ausbrüten.
Sein Befehl an die Mannschaft lautet:
Für Ruhe sorgen! Und die Papageien
dürfen nicht gestört werden.

Allerdings darf sich der Kapitän
nun selbst nicht mehr bewegen.
Die nächsten Tage
sitzt er still am Strand.
Die Piraten überwachen das Brüten.
Zwei halten große Palmwedel
über ihren Kapitän,
damit er kühlen Schatten hat.
Andere passen auf,
dass kein Raubvogel die Eier stiehlt.

4. Fall: Wie lautet der Befehl an die Mannschaft?

Für Ruhe sorgen!

Pepe und Gregor bringen
Kapitän Langbart zu essen.
Papayas, Kokosnüsse, Bananen, Ananas.
Sie legen ihm die Früchte
auf ein großes Palmenblatt.

 Raubvögel bekämpfen!

 Palmwedel schwenken!

Nach vielen Tagen ertönt ein Piepsen
aus dem Bart.
Die kleinen Papageien sind geschlüpft.
Pepe schaut nach.
„Die sind aber süß", sagt er.
Das Federkleid ist noch sehr zart,
aber die Farben
kann man schon erahnen.
Rot und Gelb und Blau.

Große Aufregung herrscht
unter den Piraten.
Jetzt bringen die Männer nicht nur
ihrem Kapitän zu essen.
Sie schwärmen in den Palmenwald aus
und suchen Würmer, Käfer, Fliegen
und andere Insekten.
Alles wird ordentlich
auf ein Palmenblatt gelegt.

Die Papageienmama
kommt kurz aus dem Bart hervor,
holt die kleinen Tiere
und füttert damit ihre Jungen.
Kapitän Langbart muss aufpassen,
dass er nicht selber die Würmer isst.

Plötzlich taucht in der Bucht
ein anderes Schiff auf.
Mit einer großen Piratenflagge.
Es ist die Schleichende Seekuh
des Einarmigen Zoran.
Nun hat er die Baluga doch gefunden!

„Kapitän Langbart!", ruft Samuel.
„Die plündern unser Schiff!"
Doch Kapitän Langbart
kann sich nicht bewegen.
Er hat ja das Papageiennest im Bart.

Aber mit den Schultern zucken kann er.
„Nichts zu machen!", sagt er.
„Die Papageien gehen vor.
Die sind auch ein kleiner Schatz.
Und wenn sie das Nest verlassen,
dann holen wir uns die Beute
vom Einarmigen Zoran wieder."

So sehen die Piraten zu,
wie ihr Schiff
leichter und leichter wird.
Bald schwimmt es wieder
ohne Tiefgang auf dem Wasser
und die Schleichende Seekuh
fährt schwer beladen davon.

Nach ein paar Tagen fliegen
die Papageienjungen mit ihren Eltern
die ersten kleinen Runden.
„Alle Mann an Bord!",
ruft Kapitän Langbart da.
„Wir holen unsere Schätze zurück!"

Er springt auf
und fällt gleich wieder um.
Er hat sich ja so lange nicht bewegt
und ist ziemlich dick geworden.
Die Mannschaft trägt ihn an Bord.
Dann setzen die Piraten die Segel.
Am Ufer fliegen die kleinen Papageien
und winken mit ihren kleinen Flügeln.

Ein blinder Passagier

Seit einer Woche
segelt die Baluga übers Meer.
Kein Schiff ist in Sicht.
Dabei würde Kapitän Langbart gerne
mal wieder ein Handelsschiff kapern.

Jetzt ist auch noch Gregor,
der Schiffskoch, seekrank geworden.
Er liegt in seiner Koje
und ihm ist schlecht.
Die Mannschaft hat seit Tagen
nichts Richtiges gegessen.
Niemand außer Gregor kann kochen.

Auch Robin nicht.

Trotzdem soll er Gregor ersetzen.

Robin kocht Reis mit Bohnen,

aber keinem schmeckt es.

Robin seufzt.

Kochen, ohne es zu können,

ist keine schöne Aufgabe.

Der Wind weht und die Sonne scheint.
Die Mannschaft bringt das Schiff
auf Vordermann.
Einige putzen das Deck,
andere bessern die Farbe aus.
Pepe steht mit Samuel am Ruder
und darf sogar das Schiff steuern.
„Gut machst du das!", sagt Samuel.
„Wirst mal ein guter Kapitän."

Plötzlich sind aufgeregte Stimmen
von vorne zu hören.
Im Nu kommt Kapitän Langbart
aus seiner Kajüte.
Hat vielleicht jemand Land gesehen?
Oder ein Handelsschiff?

Es ist Robin,
der so aufgeregt gerufen hat.
Und er hat kein Handelsschiff gesehen,
sondern ein Mädchen.
Jetzt rennt das Mädchen vor ihm davon.
Das Mädchen ist etwa so alt wie Pepe.
Sie hat wilde Haare
und sie ist angezogen wie ein Pirat.

„Ich hab sie in der Küche erwischt!",
ruft Robin. „Sie wollte sich
etwas zu essen stibitzen."
Jetzt ist das Mädchen in der Klemme:
Hinter ihr nähert sich Robin,
vor ihr stehen die anderen Piraten.
Da klettert sie plötzlich
blitzschnell an einem Mast hoch.

Wenig später steht sie im Krähennest
und schaut auf die Baluga hinab.
„Wer ist das?", ruft Kapitän Langbart.
„Ein blinder Passagier!", sagt Robin.
„Ich hole die Kleine mal runter."
Robin will schon in den Mast hoch.
Da hält ihn Kapitän Langbart zurück.
Das Mädchen ist ja ganz verängstigt.
Es soll erst mal zur Ruhe kommen.

5. Fall: Was ist ein blinder Passagier?  ein blinder Fahrgast

Die Mannschaft
putzt weiter das Schiff.
Aber Pepe ist neugierig.
Er will unbedingt wissen,
wer dieses Mädchen ist!
Heimlich klettert er den Mast hoch.
Niemand merkt etwas.
Oben schlüpft Pepe
zu dem Mädchen ins Krähennest.

 ein heimlicher Fahrgast

 ein Fahrgast ohne Brille

„Hallo!", sagt Pepe. „Ich bin Pepe.
Und wer bist du?"
„Ich bin Nelly von der Tuttan!",
antwortet das Mädchen.
„Mein Vater ist der Wilde Jim!"
Und dann erzählt Nelly,
wie sie auf die Baluga gekommen ist:

Die Piraten der Tuttan
haben die Papageieninsel besucht,
um frisches Wasser an Bord zu nehmen.
Als sie wieder losgefahren sind,
haben sie Nelly vergessen!
Nelly hat also auf der Insel gewartet.

Dann kam die Baluga in die Bucht,
um ein paar Kokosnüsse zu ernten.
Da ist Nelly heimlich
zum Schiff geschwommen,
an der Ankerleine an Deck geklettert
und hat sich versteckt.
„Was meinst du? Könnt ihr mich
zur Tuttan bringen?", fragt Nelly.

Schnell klettert Pepe
den Mast hinunter.
Er erzählt seinem Vater
die ganze Geschichte.
Kapitän Langbart staunt:
„Die Tochter vom Wilden Jim!
Hoho! Die tauschen wir
gegen Gold und Silber."

Pepe darf zusammen mit Nelly
im Krähennest Ausschau halten.
Sie suchen den Horizont ab
nach der Tuttan des Wilden Jim.
Die Baluga fährt im Zickzackkurs
über das Wasser.
„Seht ihr was?", ruft Kapitän Langbart
immer wieder in den Mast.

Da entdeckt Pepe
am Horizont ein weißes Segel.
Über dem Segel
erkennt er eine Piratenflagge.
„Schiff in Sicht!", ruft er.
Nelly ist ganz aufgeregt.
Das Schiff kommt schnell näher
und bald erkennt Nelly,
dass es die Tuttan ist.

Wenig später segeln
die beiden Schiffe nebeneinander.
Nelly winkt zu ihrem Vater hinüber.
Der Wilde Jim staunt.
„Nelly!", ruft er. „Da bist du ja,
wir haben dich schon vermisst.
Wir sind auf dem Weg zur Insel."

Da brüllt Kapitän Langbart
seine Forderung nach Gold und Silber
im Tausch für Nelly.
Gleichzeitig weht
köstlicher Essensduft um seine Nase.
In der Schiffsküche der Tuttan
werden feine Bratkartoffeln gebraten.

„Wir haben kein Gold und kein Silber",
ruft der Wilde Jim.
„Dann wollen wir Bratkartoffeln",
ruft plötzlich die gesamte Mannschaft
der Baluga. „Bratkartoffeln,
Bratkartoffeln, Bratkartoffeln!!"
Die Mannschaft hat ja schon seit Tagen
nichts Anständiges mehr gegessen.

Für Kapitän Langbart sind
die Bratkartoffeln genauso verlockend
wie Gold und Silber.
Er zögert kurz, dann ruft er laut:
„Genau. Wir wollen Bratkartoffeln!"
Der Wilde Jim willigt ein.

Wenig später sind die beiden Schiffe
friedlich aneinandergebunden.
Die Segel sind eingeholt
und die Mannschaften essen gemeinsam
leckere Bratkartoffeln zu Mittag.
Nelly ist überglücklich,
wieder auf der Tuttan zu sein.

Nach dem Essen stehen Pepe und Nelly
an der Reling ihrer Schiffe und winken.
„Bis bald mal wieder!", ruft Nelly.
„Ja, bis bald!", antwortet Pepe.

Gefunden!
Knote den Streifen einfach
an das Lesebändchen an
und fertig ist deine Fingerabdruckkartei
für die Detektivfälle!
Für jeden Fall im Buch gibt es einen
Fingerabdruck in deiner Kartei. Diesen
Abdruck findest du bei der richtigen
Antwort im Buch wieder.